この本について

- ディズニー映画のストーリーで英語を楽しみましょう。知っているキャラクターの名前や、物語のポイントをこの本で探してみましょう。

- この本の最後で、ストーリーのなかに出てきたアルファベット、単語、会話表現について紹介しています。絵と文章を見直しながらくりかえし読んでみましょう。

- この本では、英語の初心者の学習のためになるべくことばの数を少なくし、あえて単純な表現を使っている場合があります。

- Words は文章に出てきた単語や熟語の日本語訳です。主語が "I"(私)や"You"(あなた)以外で1人のときなどに、動詞の形が変わることがあります。

  (例) I meet Anna.
  　　 You meet Elsa.
  　　 Elsa meets Olaf.

  このような場合、Words ではmeet(s)と表記しています。

- 学習に役立ててもらうために日本語訳はなるべく直訳で表記しています。映画のDVDやBlu-rayなどの音声や字幕とは、ことなる表現になっている場合がありますが、あらかじめご了承ください。

英語で楽しもう ディズニーストーリー ❷

シュガー・ラッシュ

【監修】 荒井和枝
筑波大学附属小学校教諭

He wrecks things.

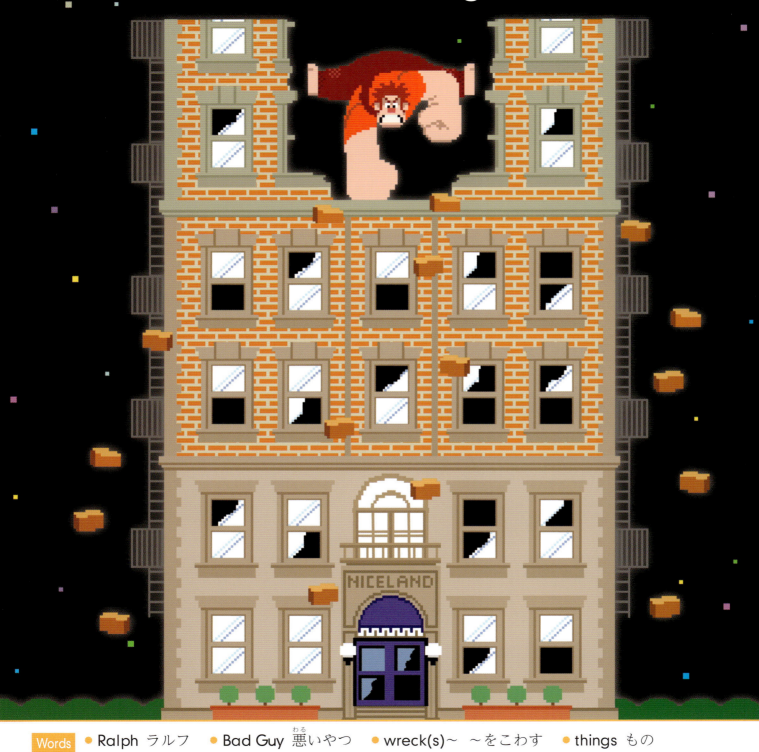

Words ● Ralph ラルフ ● Bad Guy 悪(わる)いやつ ● wreck(s)〜 〜をこわす ● things もの

Felix is the Good Guy.

He fixes things.

One day,

Ralph is gone!

| Words | ● Felix フェリックス | ● Good Guy いいやつ | ● fix(es)〜 〜をなおす | ● one day ある日 |
● gone いなくなった

A girl is outside the game.

"This game's busted."

Words • girl 女の子 • outside 外に • game ゲーム • busted こわれている

Felix and his friends are inside the game.
Felix decides to bring Ralph back.

Ralph arrives in another game.

Words ● arrive(s) 着く ● in 〜に ● another べつの

The game is "Sugar Rush".
It's a candy Go-Kart game.

Words
- Sugar Rush シュガー・ラッシュ
- candy キャンディー（あめ）
- Go-Kart ゴーカート

Ralph climbs up.

At the time he meets Vanellope.

Words
- climb(s) 登る
- up 上に
- at the time そのとき
- meet(s)～ ～に出会う
- Vanellope ヴァネロペ

"Yippee! I'm in the race!"

Ralph falls down.

Words ● yippee! やったー！ ● race レース ● fall(s) down 落ちる

But Vanellope's kart is broken.

Words
- but しかし
- broken こわされる

Vanellope needs a new kart.

Words ● need(s)〜　〜が必要　● new　新しい

Vanellope asks him to make a new kart.
They shake hands.

Vanellope's hand is small.

"You better win!"

Ralph's hand is big.

Words ● better～ ～すべき ● win 勝つ ● big 大きい

On the other hand, Felix and Sergeant Calhoun arrive in "Sugar Rush".

Words　● on the other hand　いっぽうで　　● Sergeant Calhoun　カルホーン軍曹

They make a new kart.
Vanellope loves it.
She is so happy!

Words ● love(s)〜 〜をとても気に入る ● so とても ● happy 幸せ

But Ralph wrecks Vanellope's kart!

Words ● really ほんとうに

At last Felix finds Ralph.
Ralph seems to be in trouble.

Words
- at last ついに
- find(s) 見つける
- seem(s) to〜 〜のように見える
- in trouble こまっている

"Please, Felix, fix it!"

Words ● please お願い

Vanellope's kart is fixed.

Words • fixed なおされる

So Vanellope can enter the race.

Words ・so だから ・can できる ・enter~ ~に参加する

King Candy is the champion of the races.
King Candy is first.
Vanellope is last.

Words ● King Candy キャンディー大王　● champion チャンピオン　● of〜 〜の　● first 先頭
● last 最後

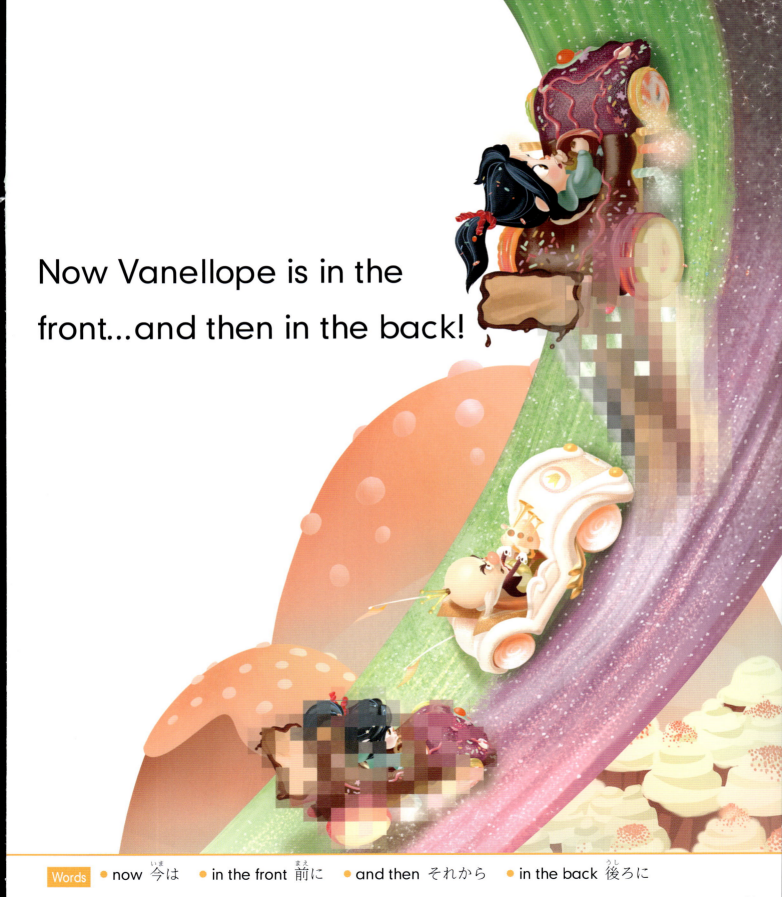

Now Vanellope is in the front...and then in the back!

Words ● now 今は ● in the front 前に ● and then それから ● in the back 後ろに

Vanellope goes fast.

Vanellope slowly passes the finish line.

Words ● go(es) 進む　● fast 速く　● slow ゆっくり　● pass(es)〜　〜を通りすぎる
● finish line ゴールライン

Vanellope wins!

"Stay here. You could be happy."

"I'm already happy."

Ralph is the "Bad Guy", but a good person.

Words ● stay とどまる、いる　● here ここに　● could be～ ～になれる　● already もう、すでに　● good person よい人(ひと)

日本語に訳してみよう！

本文の英語を日本語に訳してます。参考にして英語学習に役だてましょう。

p.2 Ralph is the Bad Guy.
ラルフは悪いやつです。
He wrecks things.
彼はものをこわします。

p.3 Felix is the Good Guy.
フェリックスはいいやつです。
He fixes things.
彼はものをなおします。
One day, Ralph is gone!
ある日、ラルフがいなくなる！

p.4 A girl is outside the game.
女の子はゲームの外にいます。
"This game's busted."
「このゲーム、こわれてる」

p.5 Felix and his friends are inside the game.
フェリックスと彼の友だちはゲームの中にいます。
Felix decides to bring Ralph back.
フェリックスはラルフを連れもどすことを決めます。

p.6 Ralph arrives in another game.
ラルフはべつのゲームに着きます。

p.7 The game is "Sugar Rush".
そのゲームは"シュガー・ラッシュ"。
It's a candy Go-Kart game.
キャンディーゴーカートゲームです。

p.8 Ralph climbs up.
ラルフは上に登ります。
At the time he meets Vanellope.
そのとき、彼はヴァネロペに出会います。

p.9 "Yippee! I'm in the race!"
「やったー！ レースに出られる！」
Ralph falls down.
ラルフは落ちてしまいます。

p.10 But Vanellope's kart is broken.
しかしヴァネロペのカートがこわされます。

p.11 Vanellope needs a new kart.
ヴァネロペには新しいカートが必要です。

p.12 Vanellope asks him to make a new kart.
ヴァネロペは新しいカートをつくることを彼にたのみます。
They shake hands.
彼らは握手します。
Vanellope's hand is small.
ヴァネロペの手は小さいです。

p.13 "You better win!"
「ぜったいに勝てよ！」
Ralph's hand is big.
ラルフの手は大きいです。

p.14 On the other hand, Felix and Sergeant Calhoun arrive in "Sugar Rush".
いっぽうで、フェリックスとカルホーン軍曹は"シュガー・ラッシュ"に着きます。

p.15 Calhoun is tall.
カルホーンは背が高いです。
Felix is short.
フェリックスは背が低いです。
Ralph hasn't been found yet...
ラルフはまだ見つかっていません。

p.16 They make a new kart.
彼らは新しいカートをつくります。
Vanellope loves it.
ヴァネロペはとても気に入ります。
She is so happy!
彼女はとても幸せです。

p.17 "You really are a Bad Guy."
「あんたはほんとうに悪いやつね」
But Ralph wrecks Vanellope's kart!
しかし、ラルフがヴァネロペのカートをこわします！

p.18 At last Felix finds Ralph.
ついにフェリックスはラルフを見つけます。
Ralph seems to be in trouble.
ラルフはこまっているように見えます。

p.19 "Please, Felix, fix it!"
「お願い、フェリックス、なおして！」

p.20 Vanellope's kart is fixed.
ヴァネロペのカートがなおされます。

p.21 So Vanellope can enter the race.
だからヴァネロペはレースに出られます。

p.22 King Candy is the champion of the races.
キャンディー大王はレースのチャンピオンです。
King Candy is first.
キャンディー大王が先頭です。
Vanellope is last.
ヴァネロペが最後です。

p.23 Now Vanellope is in the front...and then in the back!
今はヴァネロペが前にいます……それから後ろに！

p.24 Vanellope goes fast.
ヴァネロペは速く進みます。
Vanellope slowly passes the finish line.
ヴァネロペはゆっくりとゴールラインを通りすぎます。

p.25 Vanellope wins!
ヴァネロペの勝ちです！

p.26 "Stay here. You could be happy."
「ここにいなよ。幸せになれるよ」
"I'm already happy."
「もう幸せだよ」
Ralph is the "Bad Guy", but a good person.
ラルフは悪いやつですが、よい人です。

アルファベットに親しもう!

アルファベットには大文字と小文字があります。AからZまで順番に見くらべてみましょう。

大文字

A B C D E F G H I J K L M

小文字

a b c d e f g h i j k l m

アルファベットで楽しもう! アルファベット迷路

 こたえは33ページにあるよ

小文字のaからzの順番にアルファベットをたどって、ゴールラインを目指しましょう!

大文字と小文字でかたちが違うものがあるんだね！

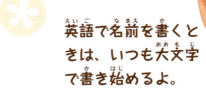

英語で名前を書くときは、いつも大文字で書き始めるよ。

N O P Q R S T U V W X Y Z

n o p q r s t u v w x y z

アルファベットを探してみよう！

こたえは33ページにあるよ

下のイラストが出てくるページから、このアルファベットを探してみよう。どのページかな？

C — Calhoun

F — Felix

g — game

K — King Candy

R — Ralph

V — Vanellope

英語のことばをおぼえよう！

英語にもいろいろなことを表現することばがあります。どんなことばがあるか見てみましょう。

体をあらわすことば

① ear 耳　　② head 頭　　③ eye 目

④ nose 鼻　　⑤ mouth 口　　⑥ finger ゆび

⑦ knee ひざ　　⑧ toe つまさき　　⑨ hand 手

⑩ shoulder 肩　　⑪ leg 足　　⑫ face 顔

遊ぶときのことば

game ゲーム　　tag おにごっこ　　bingo ビンゴゲーム
race レース　　ball ボール　　jump rope なわとび

意味が反対のことば
反対の意味になることばをいっしょにおぼえましょう。

short 背が低い ⟵⟶ tall 背が高い

good よい ⟵⟶ bad 悪い

up 上へ ⟵⟶ down 下へ

new 新しい ⟵⟶ old 古い

英語で言ってみよう！

映画のセリフを使って英語で話してみましょう。

話を聞いてもらおう

"You better win!"
「ぜったい勝てよ！」

だれかに、「〜するべきだよ」「〜したほうがいいよ」と伝えるときに、"You better〜"と言います。

"You better run."
「走ったほうがいいよ」

"You better stop talking."
「しゃべるのをやめたほうがいいよ」

自分の様子を伝えよう

"I'm in the race"
「レースに出られる！」

"I'm in…"を使って、いまいる状態をあらわすことができます。

"I'm in class"
「私は授業中です」

"I'm in trouble"
「私は困っています」